BEI GRIN MACHT SICH IF WISSEN BEZAHLT

- Wir veröffentlichen Ihre Hausarbeit,
  Bachelor- und Masterarbeit

- Ihr eigenes eBook und Buch -
  weltweit in allen wichtigen Shops

- Verdienen Sie an jedem Verkauf

Jetzt bei www.GRIN.com hochladen und kostenlos publizieren

Florian Ziegler

Mobile Commerce über UMTS

GRIN Verlag

Bibliografische Information der Deutschen Nationalbibliothek:

Die Deutsche Bibliothek verzeichnet diese Publikation in der Deutschen National-
bibliografie; detaillierte bibliografische Daten sind im Internet über http://dnb.d-
nb.de/ abrufbar.

Impressum:

Copyright © 2004 GRIN Verlag GmbH
Druck und Bindung: Books on Demand GmbH, Norderstedt Germany
ISBN: 978-3-638-90535-0

Dieses Buch bei GRIN:

http://www.grin.com/de/e-book/83409/mobile-commerce-ueber-umts

Fachhochschule Heilbronn
Hochschule für Technik und Wirtschaft

Studiengang Electronic Business (EB)

Proseminararbeit

Mobile Commerce über UMTS

Florian Ziegler

Juli 2004

II

Inhaltsverzeichnis

III

Abbildungsverzeichnis

IV

Management Summary

Die dritte Generation des Mobilfunks schafft durch die UMTS Technologie neue Möglichkeiten im Mobile Commerce. Dank einer höheren Datenübertragungsrate ist es den Unternehmen möglich, innovative und leistungsfähigere Dienste zu realisieren. Ein wichtiger Aspekt sind hierbei die Eigenschaften Lokalisierung und Personalisierung. So genannte Location Based Services (ortsbezogene Dienste) ermöglichen z.b. die Übertragung von spezifischen Informationen, basierend auf dem aktuellen Aufenthaltsort des Kunden. Mögliche Beispiele hierfür sind:

- Preisvergleiche mit Ortsbezug
- City Navigator
- Parkplatz-Finder
- „friends around" (Freunde in der Umgebung aufspüren)
- Location Based Messaging (z.b. Kommunikation mit Ortskundigen)

Der Mobile Commerce via UMTS beschränkt sich jedoch nicht nur auf das Privatkundensegment (Business-to-Consumer). Im Geschäftskundensegment (Business-to-Business) ergibt sich ebenfalls eine Vielzahl neuer Anwendungsmöglichkeiten, wie z.B. den Außendienst. Kommunikation, Datenübertragung bzw. Datenabgleiche werden somit vereinfacht und die Mitarbeiter können dank gespartem Zeitaufwand erfolgsorientierter arbeiten.

Wie gezeigt schafft die UMTS Generation neue Dienste, die nach Meinung des Autors jedoch genau geprüft werden müssen, ob sie wirtschaftlich realisierbar sind. Die äußerst hohen Lizenz- und Investitionskosten erschweren es, zusätzlich preiswerte Dienste zu ermöglichen, welche vom Kunden akzeptiert werden.

1. Einleitung

Mobiles Handeln ist ein Teil unseres täglichen Lebens geworden. Der Mobile Commerce erleichtert alltägliche Transaktionen, indem er nicht an einen bestimmten Ort bzw. bestimmte Zeiten gebunden ist. Durch Mobilfunksysteme der 3. Generation wie UMTS werden innovative Dienste erschaffen, welche früher in den älteren Mobilfunkgenerationen hinsichtlich ihrer geringeren Leistung nicht möglich waren. Aus unternehmerischer Sicht führt dies zur Erschließung eines neuen Marktes, indem es gilt durch geeignete Dienste möglichst viele Kunden anzusprechen.

1.1 Zielsetzung

Mit dieser Arbeit soll der Mobile Commerce von der wirtschaftlichen Seite genauer betrachtet und in Bezug auf verschiedene Geschäftsmodelle ausführlicher dargestellt werden.

1.2 Aufbau der Arbeit

Als Einstieg werden im zweiten Kapitel definitorische Grundlagen aufgezeigt. Im dritten Kapitel wird der Mobile Commerce auf seine Chancen und Risiken überprüft und ein Ausblick über die Situation auf dem deutschen Markt bezüglich der Netzbetreiber gegeben. Kapitel vier befasst sich mit den Geschäftsmodellen des M-Commerce und gibt Auskunft über die Applikationen auf der Seite des Geschäftskundensegments (Business-to-Business) sowie die Applikationen des Privatkundensegments (Business-to-Consumer). Im fünften Kapitel werden die zukünftigen Kauf- und Nutzungskriterien genauer analysiert und Prognosen zu UMTS Kunden und UMTS Umsätzen gemacht. Des Weiteren befinden sich im sechsten Kapitel die Zusammenfassung und das Fazit.

2. Definitorische Grundlagen

In diesem Kapitel werden die Begriffe Mobile Commerce und Mobile Commerce über UMTS näher erläutert. Ergänzend hierzu soll der Begriff Mobile Commerce von Mobile Business abgegrenzt werden, da dies in der Literatur häufig zu Missverständnissen führt.

2.1 Einführung Mobile Commerce

Unter Mobile Commerce wird im Allgemeinen der „...Einsatz mobiler Endgeräte bei der Anbahnung, Aushandlung und Abwicklung von Geschäftsprozessen zwischen Wirtschaftsubjekten"[1] verstanden. Analog hierzu lässt sich der M-Commerce in dem Begriff „Vermarktungsprozesse" verkürzen. Im Wesentlichen ist der M-Commerce auf den Front-Office Bereich beschränkt, was bedeutet, dass ein direkter Kontakt zum Kunden besteht.

Diederich[2] bezeichnet den Mobile Commerce als Transaktionsseite des Mobile Business, was auf die Definition von Turowski, „jede Art von geschäftlicher Transaktion, bei der die Transaktionspartner im Rahmen von Leistungsanbahnung, Leistungsvereinbarung oder Leistungserbringung mobile elektronische Kommunikationstechniken in Verbindung mit mobilen Endgeräten einsetzten."[3], hinausläuft.

Der M-Commerce wird zum Unterbegriff des Mobile Business, unter dem man „... alle Formen betrieblicher Anwendungen mit mobilen Geräten versteht".[4]

Gora[5] hingegen definiert, dass sich Mobilität und E-Commerce zu M-Commerce verbinden, was bedeutet, dass Dienste rund um die Uhr und an jedem beliebigen Standort nutzbar sind.

---

[1] Link J. (Hrsg.) (2003), S. 5
[2] Diederich B./Lerner T./Lindemann R.D./Vehlen R. (2001), S.269
[3] Pousttchi K./ Turowski K. (2004), S. 8
[4] Schildhauer T. (2003), S. 208
[5] Gora W./Röttger-Gerik S. (Hrsg.) (2002), Vorwort S. VI

2.2 Mobile Commerce über UMTS

Durch den Mobilfunkstandard UMTS (Universal Mobile Telecommunications System) der 3. Generation werden im Vergleich zum GSM (Global System for Mobile Communications) mobile Dienste, wie z.B. die Übermittlung von Sprache, Texten, Grafiken und selbst Videofilmen durch deutlich höhere Übertragungsraten besser ermöglicht. Die Datenrate variiert je nach Nutzung zwischen 2 MBit/s und 144KBit/s. Dies schafft neue Mittel wie die so genannten ortsbezogenen Dienste (Location Based Services), bei denen es darauf ankommt, größere Datenmengen in kurzer Zeit bezüglich bestimmter Orte/Personen zu übertragen. Die Netzbetreiber erhoffen sich somit eine höhere Akzeptanz bei den Nutzern. Im weiteren Verlauf wird auf die oben genannten Dienste noch näher eingegangen.

3. Mobile Commerce über UMTS

3.1 Chancen des Mobile Commerce über UMTS

Der Hauptvorteil des Mobile Commerce ist die Ortsunabhängigkeit. Durch mobile Geschäfte ist die Flexibilität kaum eingeschränkt, was den Zeitaufwand bei bestimmten Anwendungen verringert.

Ein weiteres großes Potential steckt in der Intensivierung der Kundenbeziehung. „Je besser es einem Unternehmen gelingt, die spezifischen Kundenbedürfnisse zu erfüllen, desto größer die Loyalität des Kunden und desto aufwändiger wird es für die Wettbewerber, diesen Kunden zu einem Wechsel zu bewegen."[6] Als Ziel gilt es durch die Erstellung eines attraktiven Kundenportfolios ein One-to-One Marketing aufzubauen. Hierbei wird der „Tante Emma" Gedanke verfolgt durch die „Kenntnis des Kunden und die Fähigkeit, entsprechend dessen Präferenzen zusätzliche Angebote zu unterbreiten."[7] Ist dies der Fall wird der Kunde die Anstrengungen honorieren und ein höheres Maß an Offenheit und

---

[6] Silberer G./Wohlfahrt J./Wilhelm T. (Hrsg.) (2002), S. 222
[7] ebenda, S. 222 (zitiert nach Böcker J., Der Kunde im Fokus in Böcker/ J./Hardtke, C., Schlüsselkompetenzen in der Telekommunikation, Wiesbaden 2001, S. 16ff)

4

Interesse gegenüber zusätzlichen Produkten und Services zeigen. Dadurch wird es in der Zukunft leichter, eine individuelle Betreuung von Kunden in Massenmärkten zu bieten angesichts der heutigen technischen Möglichkeiten des M-Commerce.

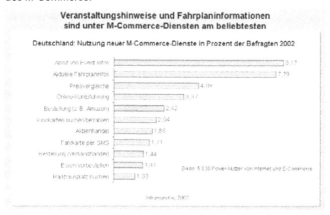

Abbildung 1: Beliebtheit von M-Commerce Diensten (Quelle: Intramundos 2002)[8]

3.2 Risiken des Mobile Commerce UMTS

Die Anbieter werden im Mobile Commerce zu Beginn mit einem ernstzunehmenden Problem konfrontiert: „Sie sind gezwungen, schon frühzeitig zu investieren, es gibt aber noch keine ausreichende Nachfrage, um die Investitionen frühzeitig aus dem Cash-flow des Geschäftes zu amortisieren".[9] Ein weiteres Problem tritt bei der Penetration des Marktes auf. Heutzutage ist es üblich, dass die Netzbetreiber durch Subventionen den Endgerätepreis drastisch reduzieren. Überträgt man dies auf die 3. Generation des Mobilfunks, so werden angesichts hoher UMTS Lizenzgebühren, der fallenden Minutenpreise und Grundgebühren sowie der Erschließung weniger attraktiver Kundengruppen die Subventionen in Markt erstmals gekürzt. Dies bedeutet, dass die ersten UMTS-Endgeräte preislich deutlich über den jetzigen Geräten liegen werden.

---

[8] http://www.tns-infratest-bi.com/bmwa/Faktenbericht_6/main2003_05_abb_365_392.htm, abgerufen am 25.05.04
[9] Zobel J. (2001), S143 f.

5

Als Folge ergibt sich ein hemmender Effekt auf eine schnelle Penetration.[10] Als ständiges Problem gelten die meist durch einen relativ kurzen Produktlebenszyklus gekennzeichneten Anwendungen und Dienste.[11] Hinsichtlich der zukünftigen Killerapplikationen (Massendienste wie z.B. E-Mail, SMS) besteht ebenfalls noch hohe Ratlosigkeit. Die erste so genannte „Killerapplikation", das Versenden und Empfangen von SMS, wurde lange Zeit überhaupt nicht wahrgenommen.

Das Hauptproblem jedoch wird der hohe Preisfaktor sein. Laut Umfragen ist Privatanwendern GPRS (General Packet Radio Service) schon zu teuer. Demnach sollte UMTS billiger werden, bestenfalls so preiswert wie DSL[12], was angesichts der horrenden Lizenzgebühren als beinahe unmöglich gilt.

3.3 Die deutschen UMTS-Netzbetreiber

Insgesamt sechs Mobilfunkunternehmen haben Lizenzen für die Errichtung und Betreibung des UMTS Netzwerkes erworben. Laut der Regulierungsbehörde für Telekommunikation und Post (RegTP) hat jeder Netzbetreiber im Schnitt 8,5 Mrd. Euro bezahlt.[13] Mittlerweile sind nur noch vier Lizenznehmer am UMTS Markt aktiv. Dazu zählen T-Mobile, D2 Vodafone, E-Plus sowie O2. MobilCom/France Telecom und Group 3G (Quam) lassen ihre erworbenen Lizenzen vorerst ruhen und werden einen UMTS-Netzaufbau derzeit nicht realisieren. Die RegTP hat in den „Festlegungen und Regelungen zur Vergabe von Lizenzen für UMTS" festgelegt, dass die Netzbetreiber 2003 einen Versorgungsgrad von 25% der Bevölkerung erreichen mussten, was von den vier am UMTS Markt aktiven Unternehmen realisiert wurde. Bis zum Endausbau 2005 müssen die Carrier einen Versorgungsgrad von 50% erreicht haben.

Für die Netzbetreiber, die sich nicht entschlossen haben bzw. es nicht geschafft haben den genannten Versorgungsgrad zu erreichen bedeutet dies der Verlust der Lizenz. Ein Verkauf an Dritte ist laut den Festlegungen und Regelungen der

[10] Vgl. Silberer G./Wohlfahrt J./Wilhelm T. (Hrsg.) (2002), S. 212
[11] Vgl. ebenda, S. 27
[12] Vgl. Kuri J. (2004)
[13] Vgl. Link J. (Hrsg.) (2003)

RegTP nicht zulässig.[14] Zusätzlich ist zu bedenken, dass für den Netzaufbau pro Netzbetreiber eine durchschnittliche Investitionssumme von 4,5 Mrd. Euro entfällt.[15] Im europäischen Vergleich erreichte Deutschland die höchsten Lizenzerlöse in Höhe von 50,8 Mrd. EUR vor Großbritannien (28 Mrd. EUR) und Italien (12,2 Mrd. EUR). Die Gründe hierfür sind unterschiedliche Vergabemodalitäten wie Auktion oder „Beauty Contest", wo der Staat den Preis festlegt und Anbieter mit den schlüssigsten Businessmodellen berücksichtig wurden. In manchen Fällen mussten die Netzbetreiber lediglich eine Gebühr entrichten."[16]

4. Geschäftsmodelle des Mobile Commerce

Grundsätzlich lässt sich im Mobile Commerce zwischen dem Privatkundensegment (Business-to-Customer; B2C) und dem Geschäftskundensegment (Business-to-Business; B2B) unterscheiden. Weitere Segmente wie Consumer-to-Consumer (C2C) und Business-to-Employee (B2E) lassen sich vom eigentlichen Mobile Commerce hinsichtlich ihrer Akteure abgrenzen, da unter Konsumenten/Haushalten bzw. Unternehmen gegenüber ihren Mitarbeitern kein Vermarktungsprozess stattfindet. In der Literatur wird das Consumer-to-Consumer Segment jedoch manchmal als Teil des Geschäftsmodells im Mobile Commerce gesehen, weil „z.B. aus der Sicht von Netzbetreibern bei der C2C-Kommunikation sehr wohl immer eine Vermarktung der eigenen Übertragungsdienste stattfindet."[17] Es „... sei angemerkt, dass eine der größten Herausforderungen in der Entwicklung von Geschäftsmodellen die Einschätzung der Rolle von Innovationen darstellt."[18]

---

[14] Vgl. Link (2003), S. 98
[15] Vgl. Link J. (Hrsg.) (2003), S. 98 (zitiert nach Baldacci P. (2001): Spätstarter UMTS in: internet world 11/2001, S. 20)
[16] Vgl. ebenda, S. 99
[17] ebenda, S. 9
[18] Geer R./Gross R. (2001), S. 73

7

4.1 Applikationen im Business-to-Consumer (B2C) Sektor

Die größten Umsatzpotentiale werden im Mobile Commerce eher im Privatkundensegment angesiedelt. „Im Vordergrund stehen alltägliche Transaktionen, die mobil erledigt werden können, z.B.

- Finanzdienstleistungen
  (Bankgeschäfte, Aktienhandel, elektronische Brieftasche)
- Shopping (Auktionen, Reservierungen, Vertrieb standardisierter Güter)
- Informationsversorgung (Nachrichten, Wetter, Preisvergleiche)
- Standortbasierte Dienste (Navigation, Restaurants in der Nähe)
- Entertainment (Mobile Games, Sport, Musik, Wetten)
- Reservierungen (Übernachtungsmöglichkeiten, Flugtickets, Mietwagen, Konzertkarten)"[19]

Im Bereich der Notfallhilfe kann z.B. durch Unfall- und Pannendienste eine frühere Reaktion der entsprechenden Kräfte erfolgen. Ebenso ist es möglich, den Gesundheitsstatus erkrankter Menschen (z.B. Puls, Herzschlag) über ein mobiles Endgerät an einen Notfalldienstleister zu übertragen, der sofort alarmiert wird, sobald die medizinischen Werte von einem vorher festgelegten Grenzbereich abweichen. Grundsätzlich lässt sich sagen, dass Eigenschaften wie Personalisierung und Lokalisierung im Vordergrund stehen dürften.[20] Der Kunde müsste bereit sein, für so genannte Location Based Services (Person, Ort, Zeit) zu bezahlen, die zur Bedürfnisbefriedigung oder zur Erleichterung in bestimmten Situationen führen (z.B. Navigation zu einem geeigneten Restaurant oder einem ausgesuchten Geschäft in unmittelbarem Umkreis der Person).

---

9 Silberer G./Wohlfahrt J./Wilhelm T. (Hrsg.) (2002), S. 32
[20] Vgl. ebenda, S. 32

4.2 Applikationen im Business-to-Business (B2B) Sektor

Prinzipiell gesehen geht es im Geschäftskundensegment des Mobile Commerce um die „…Eingliederung der mobilen Dienste in den gesamten inner- und zwischenbetrieblichen Wertschöpfungsprozess."[21] In erster Linie lässt sich als Anwendungsfeld das Unternehmensmanagement definieren. Den Mitarbeitern ist es so z.b. möglich, auf das Intranet des Unternehmens zuzugreifen, wodurch E-Mails, Dokumente und andere wichtige Informationen abgerufen und übermittelt werden können. Des Weiteren können Servicemitarbeiter Kundenprobleme so digital erfassen und einen Spezialisten im Unternehmen kontaktieren, dessen Zeit dann effektiver genutzt werden kann, da der Fahrtaufwand zum Einsatzort gespart wird. Außendienstmitarbeiter haben die Möglichkeit gegenseitig kundenrelevante Daten auszutauschen. Eine weitere Einsatzmöglichkeit findet sich in der Logistik. Durch ein intelligentes Flottenmanagementsystem können z.b. kurzfristige Bestellungen durch die Flotte, die sich in unmittelbarer Nähe des Lieferanten befindet, kompensiert werden. Ein so genannter „Rich Call", wobei während eines Telefonats z.b. eine Email versendet werden kann, verknüpft verschiedene Kommunikations-anwendungen.[22] Ein Außendienstmitarbeiter kann so z.b. eine Statistik, die er soeben aus dem Intranet angefordert hat, direkt über sein Endgerät ohne Zeitverlust mit seinem Kollegen besprechen und auswerten.

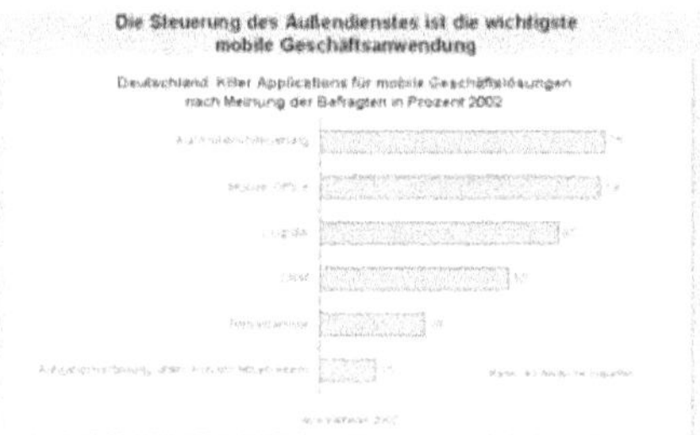

Abbildung 2: Killer Applications für mobile Geschäftslösungen (Quelle: eco-Verband, 2002) [23]

---

[21] Vgl. ebenda, S. 32
[22] Link J. (Hrsg.) (2003), S. 106
[23] http://www.tns-infratest-bi.com/bmwa/Faktenbericht_6/main2003_05_abb_365_392.htm, abgerufen am 17.04.04

5. Ein Ausblick in die Zukunft

Die jungen Erwachsenen spielen eine wichtige Rolle im zukünftigen Markt. Die Anwendung SMS wurde aufgrund dieser Nutzungsgruppe zu einem großen Erfolg, weshalb die Netzanbieter weiterhin auf deren „Entdeckungspotenzial" im Umfeld des UMTS Marktes setzen werden. [24]

5.1 Zukünftige Kauf- und Nutzungskriterien

„Letztendlich wird der Erfolg von UMTS von den „neuen" Anwendungsmöglichkeiten in Relation zum Preis, abhängig sein."[25] Umfragen von Dialego im Jahr 2001 ergaben, dass vor allem Location Based Services, Mobile Commerce sowie Multimedia-Dienste am häufigsten nachgefragt werden. Aus heutiger Sicht lässt sich sagen, dass zu den Favoriten der ortsbezogenen Mobilfunkdienste folgende Informationen sich durchsetzen werden:

- Stadtpläne
- Geschäfte mit Sonderangeboten
- Notdienst-Apotheken
- Geldautomaten
- Tankstellen
- Restaurants

Die Datenübertragung gewinnt hierbei im Vergleich zur Sprachtelefonie immer mehr an Bedeutung, was über die Jahre sogar zu einer Verschiebung der Relation zugunsten des Datenverkehrs führen wird.

---

[24] Link J. (Hrsg.) (2003), S. 120
[25] ebenda, S. 106

5.2 Prognosen zu UMTS Kunden und UMTS Umsätzen

Laut Pousttchi[26], der sich auf Umfragen von Detecon und Diebold Consultants im Jahr 2002 beruft, liegen die Schwerpunkte im B2C Sektor vor allem im Bereich der Kommunikation mit ca. 42% und im Bereich des Entertainments bei ca. 38%. Der Schwerpunkt im B2B Sektor liegt im Bereich Supply Chain Management (z.B. Telemetrie, Remote Control) mit ca. 37% und dem Business Process Reengineering (z.b. Flottenmanagement, Portale) mit ca. 56%. Obwohl 58% im engeren Sinne eher mobile Informationsdienste verwenden würden, zeichnet sich deutlich ab, dass Bilder (51%), Musik (45%), Spiele (33%) und Videos (25%) doch einen erheblichen Anteil bilden[27]. Interessant hierbei ist, dass die geplanten Preismodelle der Anbieter laut diversen Studien dem Kunden pro Zugriff oder pro Dienst Geld abverlangen.

„Jedes fünfte Telekommunikationsunternehmen will demzufolge Bundling, also die Bündelung von unterschiedlichen Leistungen als Preisstrategie verfolgen."[28] Ohne geeignete Mobile Payment Dienste wird es keinen Mobile Commerce geben[29]. Vergleicht man die ca. 20 Mio. Kreditkarten, die sich im Umlauf befinden mit den über 60 Mio. Mobiltelefonen, so ist klar, dass die hohe Verbreitung der Mobilfunktelefone die ideale Voraussetzung für das zukünftige Zahlungssystem und damit eine ebenso erfolgreiche mobile Anwendung darstellt. Leider ergibt sich aus der aktuellen Telco-Trend-Umfrage von Mummert Consulting unter Fach- und Führungskräften der Telekommunikationsbranche, dass UMTS im Ranking der wichtigsten Übertragungstechnologien abgeschlagen im unteren Mittelfeld landet.[30] Wenn man jedoch allein die bisherige UMTS-Netzabdeckung des Netzanbieters D2 Vodafone betrachtet wird schnell ersichtlich, dass viele Städte bereits über ausgebaute Netze verfügen, diese aber vermutlich kaum genutzt werden.[31]

---

[26] Vgl. Pousttchi K./Turowski (Hrsg.) (2004), S. 9 (zitiert nach Bauer T./Burkhart A.: mBusiness – Quo vadis?; Detecon & Diebold Consultants, 2002)
[27] Vgl. Absatzwirtschaft o.V. (2002)
[28] Pousttchi K./Turowski K.(Hrsg.) (2003), S. 9
[29] Vgl. Symposion Publishing GmbH o.V. (2002)
[30] Vgl. Manager-Magazin.de
[31] Vgl. D2 Vodafone

11

6. Zusammenfassung und Fazit

Wie die oben aufgeführten Beispiele zeigen, sind auf der Seite der Anbieter sowie auf der Seite der Netzbetreiber die Erwartungen von zukünftigen mobilen Anwendungen äußerst hoch gesteckt. Um den hohen Erwartungen der Kunden gerecht zu werden, müssen attraktive Preismodelle entwickelt werden, was angesichts der hohen UMTS Lizenzgebühren und Investitionen für einen Netzausbau äußerst schwierig wird.

Dies gilt nicht nur für die zukünftigen Dienste, die sich in ihrer Art am Kunden orientieren müssen, sondern auch für die Technik, bei der eine sichere, zuverlässige und vor allem schnelle Datenübertragung gewährleistet sein muss. Wie der Autor bereits erwähnt hat, werden die Dienste, welche Lokalisierung und Personalisierung als Schlüsselfunktionen beinhalten, die höchsten Gewinnpotenziale ergeben.

Ebenfalls bereits angesprochen darf der Konsument im Mobile Commerce nicht durch unzureichende Zahlungssysteme eingeschränkt werden.

Grundsätzlich lässt sich sagen, solange auf dem Markt keine klar erkennbaren Rahmenbedingungen bezüglich Standardisierung, Übertragung und Abrechnung herrschen, wird es nicht möglich sein, Vertrauen zum Endverbraucher für die Anwendung diverser Mobile-Commerce-Dienste aufzubauen und sich als Unternehmen auf lange Sicht am Markt zu etablieren bzw. eine Rentabilität eigens entwickelter innovativer Dienste zu erlangen.

Unter Betracht aller Faktoren lässt sich sagen, dass die 3. Mobilfunkgeneration durch äußerst schlechte Startbedingungen benachteiligt ist und sich zusätzlich noch gegen den stetig wachsenden Markt alternativer Übertragungstechnologien behaupten muss, wie z.B. dem Wireless LAN, für das die Infrastruktur der Netze ständig erweitert wird.

V

Literaturverzeichnis

Absatzwirtschaft o. V. (2002)

Pressemitteilung vom 22.05.2002: UMTS muss Spass machen

Diederich B./Lerner T./Lindeman R.D./Vehlen R. (2001)

Mobile Business, Märkte, Techniken, Geschäftsmodelle

D2 Vodafone

http://www.vodafone.de/business/support/45255.html,
abgerufen am 17.04.04

Geer R./Gross R. (2001)

M-Commerce, Geschäftsmodelle für das mobile Internet

Gora W./Röttger-Gerigk S. (Hrsg.) (2002)

Handbuch Mobile-Commerce

Kuri J. (2004)

Sprachpäckchen, UMTS und Telefonieren über IP, in: c't Magazin für
Computer Technik, 6. Jahrgang 2004, S. 144-145

Link J. (Hrsg.) (2003)

Mobile Commerce, Gewinnpotenziale einer stillen Revolution

Manager-Magazin.de

http://www.manager-magazin.de/ebusiness/cebit/0,2828,287836,00.htm,
abgerufen am 17.04.04

Pousttchi K./Turowski K. (Hrsg.) (2003)

Mobile Commerce – Anwendungen und Perspektiven,

Proceedings zum 3. Workshop Mobile Commerce, Universität Augsburg

04.02.03

Pousttchi K./Turowski K. (Hrsg.) (2004)

Mobile Economy – Transaktionen, Prozesse, Anwendungen und Dienste,

Proceedings zum 4. Workshop Mobile Commerce, Universität Augsburg,

02.-03. Februar 2004-04-19

Schildhauer T. (2003)

Lexikon Electronic Business

Silberer G./Wohlfahrt J./Wilhelm T. (Hrsg.) (2002)

Mobile Commerce, Grundlagen, Geschäftsmodelle, Erfolgsfaktoren

Symposium Publishing GmbH o. V. (2002)

Pressemitteilung vom 24.01.2002: Mobile Payment

Zobel J. (2001)

Mobile Business und M-Commerce, Die Märkte der Zukunft erobern,

München 2001